RICHARD,

CŒUR DE LION,

COMÉDIE EN TROIS ACTES

EN PROSE ET EN VERS, MIS EN MUSIQUE.

Représentée, pour la premiere fois, à Paris, par les Comédiens Italiens ordinaires du Roi, le 21 Octobre 1784; & à Fontainebleau, devant leurs Majestés, le 25 Octobre 1785.

NOUVELLE ÉDITION

A PARIS.

Chez Didot, l'aîné, Imprimeur & Libraire Ruë Pavée.

M. DCC. LXXXVI.

PERSONNAGES.

RICHARD,	M. Philippe.
MARGUERITE,	Mlle. Colombe.
BLONDEL,	M. Clerval.
LE SÉNÉCHAL.	M. Courcelles.
FLORESTAN,	M. Meunier.
WILLIAMS.	M. Narbone.
LAURETTE,	Mme. Dugaſon.
BÉATRIX,	Mme Desforges
ANTONIO,	Mlle. Roſalie.
SUITE DE MARGUERITE.	
VIEILLES.	
VIEILLARDS.	
OFFICIERS.	
SOLDATS.	

La Scène ſe paſſe au Château de Lints.

Comédie.

<pre>
  Un troubadour
    Est tout amour,
   Fidélité, constance,
 Et sans espoir de récompense.
   O Richard! ô mon Roi !
    L'univers t'abandonne ;
  Et c'est Blondel, il n'est que moi
   Qui m'intéresse à ta personne.
</pre>

Mais j'entends du bruit, remettons-nous, reprenons notre rôle.

SCENE III.
BLONDEL, WILLIAMS, GUILLOT.
Ensuite LAURETTE.

WILLIAMS, *sort, tenant par l'oreille le paysan qui crie :* Ahi !

JE t'apprendrai à porter des lettres a ma fille.
Quoi ! de la part du Gouverneur !

GUILLOT.
C'est de la part du Gouverneur !

BLONDEL, *à part.*
Ah ! si c'étoit ce Gouverneur.

GUILLOT.
Il m'a dit de lui remettre
Cette lettre.

WILLIAMS.
Ma fille écoute un séducteur !
  Non, ma Laurette
  N'est point faite
Pour amuser le Gouverneur.
  Et toi & toi,
 Si tu reviens, c'est fait de toi.

GUILLOT.
  Ce n'est pas moi
Qui reviendrai ; non, sur ma foi.

WILLIAMS.
Dis, dis à ce Gouverneur
  Que ma Laurette
  N'est point faite
Pour écouter un séducteur !
Monsieur, Monsieur le Gouverneur
Me fait en ce jour trop d'honneur.

BLONDEL, *à part.*
Ah ! si c'étoit le Gouverneur
De ce château : Dieux, quel bonheur !

GUILLOT.
Mais, c'est Monsieur le Gouverneur.

Richard cœur de Lion,
WILLIAMS.
Eh! que me fait ce Gouverneur;
  Oui sur ma foi,
  Prends garde à toi.
  (*A Laurette qui paroît*)
Et toi, si jamais tu revois
  Ce séducteur,
  Tu sentiras
  Si dans mon bras
Il est encor quelque vigueur.
BLONDEL.
Si je pouvois, ah! quel bonheur! (*A part.*)
Mes bons amis, ne frappez pas,
  Point de débats :
La paix, la paix, point de débats.
LAURETTE.
  Mon pere, hélas!
  Je ne vois pas
  Le Gouverneur.
BLONDEL.
Ah! si c'étoit ce Gouverneur,
  Ah! quel bonheur!
  Mes bons amis,
  Soyez unis :
  Ah! point de fiel!
  La paix du Ciel ;
  Point de bébats,
  Ne frappez pas :
Ah! si c'étoit ce Gouverneur. (*A part.*)

SCENE IV.
WILLIAMS, BLONDEL.
WILLIAMS.
Rentrez dans la maison ; elle dit qu'elle ne l'a point vu, & qu'elle ne lui parle pas, & il lui écrit ; je voudrois bien connoître ce que dit cette lettre ; ils ont à présent une maniere d'écrire qu'on ne peut déchiffrer. Si quelqu'un.... ce vieillard n'est pas de ce pays-ci ; bon homme, savez-vous lire ?
BLONDEL.
Ah! mon Dieu, oui, je sais lire.
WILLIAMS.
Eh bien! lisez-moi cela.
BLONDEL.
Ah! mon bon Monsieur, je suis aveugle ; ces méchans Sarrasins m'ont brûlé les yeux avec une lame d'acier flamboyante ; mais, ne voyez-vous pas venir un petit garçon ?
WILLIAMS.
Oui.
BLONDEL.

RICHARD, CŒUR DE LION,
COMÉDIE.

ACTE PREMIER.

Le Théâtre représente les environs d'un Château fort ; on en voit les tours, les créneaux, il est élevé dans un lieu agreste ; des montagnes stériles & des forêts sombres & touffus paroissent entourer le lieu. Sur un des côtés est une maison qui a l'apparence d'une Gentilhomiere, on en voit la porte, un banc est de l'autre côté.

(*Pendant l'ouverture passent plusieurs paysans avec leurs outils de travail sur leurs épaules ; ils sont en veste, & portent leurs habits & des avre-sacs vuides. Ils traversent le théatre, pour avoir le temps d'y chanter, ils ont l'air d'attendre des Camarades qui les suivent.*

LE CŒUR DE PAYSANS.

Chantons, chantons,
Célébrons ce bon ménage ;
Chantons, chantons,
Retournons dans nos maisons.
Sais-tu que c'est demain
Que le vieux Mathurin
Refait son mariage :
Oui, le fait est certain,
Nous danserons demain,
Nous boirons du bon vin.

COLETTE.

Antonio, je gage
En ce moment,
Est bien loin du village :

Richard cœur de Lion,
Ah ! quel cruel tourment.
AUTRE TROUPE DE PAYSANS.
Colette, c'est demain
Que le vieux Mathurin
Refait son mariage,
Le fait est certain ;
Fille, point de chagrin,
Nous danserons demain,
Nous boirons du bon vin.
(*L'ouverture continue.*)
LE VIEUX MATHURIN.
Comment c'est demain,
Que ton vieux Mathurin
Avec toi, ma femme, se remet en train.
LA VIEILLE FEMME.
Après cinquante ans,
Il est encore temps
De se montrer aise, & d'être contens.
On reprend le Chœur. Chantons.

SCENE PREMIERE.
BLONDEL, ANTONIO.

BLONDEL, *feignant d'être aveugle, il a un grand manteau, un Violon dessous ; le petit garçon Antonio le conduit*

Antonio, qu'est-ce que j'entends ! j'entends, je crois, chanter ?

ANTONIO.
Ce n'est rien ; c'est tout le hameau qui s'en retourne chez lui après l'ouvrage des champs ; le soleil est couché.

BLONDEL.
Où suis-je ici, mon petit ami ?

ANTONIO.
Vous n'êtes pas loin d'un château où il y a des tours, des cerneaux ; je vois tout en haut un soldat qui fait faction avec son arbalête.

BLONDEL.
Je suis bien las.

ANTONIO.
Tenez, asseyez-vous sur cette pierre, c'est un banc.

BLONDEL.
Ah ! je te remercie, (*Il s'assied.*)

ANTONIO.
C'est un banc qui est vis-à-vis la porte d'une maison qui paroît être une ferme ; c'est comme une maison de Gentilhomme.

BLONDEL.
Eh bien, mon ami, vas t'informer si on peut m'y donner à coucher pour cette nuit.

ANTONIO.
Je vous trouverai-là.

BLONDEL.
Ah! je n'ai pas envie d'en sortir; quand on ne voit pas, on est bien forcé de rester où on nous dit d'attendre; ne manque pas de revenir.
ANTONIO.
Oh! non, car vous m'avez bien payé; mais pere Blondel, j'ai quelque chose à vous dire.
BLONDEL.
Quoi?
ANTONIO.
Ah! c'est que...
BLONDEL.
Dis, mon fils, dis, qu'est-ce que c'est?
ANTONIO.
C'est que je suis bien fâché; je ne pourrai pas vous conduire demain.
BLONDEL.
Hé pourquoi donc?
ANTONIO.
C'est que je suis de noce; mon grand pere & ma grande-mere se remarient, & mon petit-fils, qui est leur frere.
BLONDEL.
Ton petit-fils! tu as un petit-fils?
ANTONIO.
Oui, leur petit-fils, qui est mon frere, se marie aussi le même jour de leur mariage, à une fille de ce canton.
BLONDEL.
Et, dis-moi, elle ne demeuroit pas dans ce château que tu dis, où il y a un soldat qui a une arbalête.
ANTONIO.
Non, non.
BLONDEL.
Mais, mon ami, demain, comment ferai-je pour me conduire?
ANTONIO.
Ah! je vous donnerai un de mes camarades; il est un peu volage; mais je vous ferai venir à la noce, & vous y jouerez du violon. Ah, ne vous embarrassez pas.
BLONDEL.
Tu aimes donc bien à danser.
ANTONIO.
La danse n'est pas ce que j'aime,
Mais c'est la fille à Nicolas;
Lorsque je la tiens par le bras,
Alors mon plaisir est extrême,
Je la presse contre moi-même:
Et puis nous nous parlons tout bas,
Que je vous plains, vous ne la verrez pas.
BLONDEL.
C'est vrai, mon fils, je suis bien à plaindre.

ANTONIO.

Elle a quinze ans, moi j'en ai seize;
Ah! si la mere Nicolas
N'étoit pas toujours sur nos pas:
Eh bien, quoique cela déplaise,
Auprès d'elle je suis bien aise;
Et puis nous nous parlons tout bas:
Que je vous plains, vous ne la verrez pas.

BLONDEL.

Continue je crois la voir.

ANTONIO.

Vous la voyez, ah! vous êtes aveugle.
Qu'elle est gentille ma Bergere!
Quand elle court dans le Vallon,
Oh! c'est vraiment un papillon,
Ses pieds ne touchent pas à terre;
Je l'attrape, quoique légere,
Et puis nous nous parlons, &c.

BLONDEL.

Vas, mon fils, vas toujours voir si je pourrai trouver où passer cette nuit.

SCENE II.

BLONDEL, *seul,* (*il ôte sa barbe.*)

Oui, voilà des tours, voilà des fossés, des redoutes; c'est bien-là un château fort; il est éloigné des frontieres, dans un pays sauvage, au milieu des marais; il n'est propre qu'à renfermer des prisonniers d'état; on dit qu'on ne peut en approcher; nous verrons, on se méfiera moins d'un homme que l'on croira aveugle. Orphée, animée par l'amour, s'est ouvert les enfers; les guichets de ces tours s'ouvriront peut-être aux accens de l'amitié.

ARIETTE.

O Richard! ô mon Roi!
L'univers t'abandonne;
Sur la terre, il n'est que moi
Qui s'interesse à ta personne;
Moi seul dans l'univers
Voudrois briser tes fers,
Et tout le reste t'abandonne.
Et sa noble amie... Ah! son cœur
Doit être navré de douleur,
O Richard! ô mon Roi!
L'univers t'abandonne, &c.
Monarques, cherchez des amis,
Non sous les lauriers de la gloire,
Mais sous les myrthes favoris
Qu'offrent les filles de mémoire.

MARGUERITE.

Ah! je le veux bien pourvu que vous répétiez plusieurs fois l'air que vous venez de jouer.

BLONDEL.

Ah! tant qu'il vous plaira!

MARGUERITE, à ses gens

Je vous recommande ce bon vieillard.

Beatrix paroît & la Comtesse s'appuie sur elle; après avoir écouté encor l'air que joue Blondel la Comtesse sort.

SCENE VIII.

BLONDEL *se met a jouer plusieurs fois ce même air, avec des variations. Pendant ce temps, tout le bagage se décharge : les gens de la comtesse vont & viennent. On voit de temps en temps Williams & sa fille fort occupés. On dresse une grande table à la porte; on y met du vin & des verres.*

UN PREMIER DOMESTIQUE à *Blondel.*

Allons, bon homme, mettez-vous là, vous boirez un coup avec nous.

BLONDEL.

Antonio ;

ANTONIO.

Me voilà.

BLONDEL, *lui donnant son verre plein.*

Tiens, bois, mon fils, bois.

(*On verse à Blondel un second verre, & il dit après avoir bu :*)

En vous remerciant, mes amis ; mais je veux payer mon écot.

UN DOMESTIQUE.

Hé! comment ça?

BLONDEL.

En vous disant une chanson, & vous ferez chorus.

UN AUTRE DOMESTIQUE.

Allons, c'est un bon vivant. Courage, pere.

BLONDEL, *joue du violon en chantant.*

Que le Sultan Saladin
Rassemble dans son jardin
Un troupeau de Jouvencelles,
Toutes jeunes, toutes belles,
Pour s'amuser le matin ;
 C'est bien, c'est bien,
Cela ne nous blesse en rien ;
Moi je pense comme Grégoire,
 J'aime mieux boire.

(*Ces deux vers sont repris en chœur.*)

BLONDEL.

Qu'un Seigneur, qu'un haut Baron,
Vende jusqu'à son donjon
Pour aller à la croisade,

Qu'il laisse sa camarade
Dans les mains des gens de bien ;
C'est bien, c'est bien,
Cela ne nous blesse en rien ;
Moi je pense comme Grégoire,
J'aime mieux boire.

A la fin de ce couplet paroît UN OFFICIER *de la Comtesse, qui dit.*

Ayez à finir ; voilà Madame qui va se retirer dans son appartement.

UN DOMESTIQUE.

Rachevons ; encore un couplet, père.

BLONDEL.

Que le vaillant Roi Richard,
Aille courir maint hasard,
Pour aller loin d'Angleterre,
Conquérir une autre terre,
Dans le pays d'un païen ;
C'est bien, c'est bien,
Cela ne nous blesse en rien ;
Moi je pense comme Grégoire ;
J'aime mieux boire.

(*On se leve de table.*)

BEATRIX, *paroît & dit.*

Madame vous entend de son appartement. (*Blondel feint de prendre Beatrix pour son petit garçon ; de-là le lazzi commun : on emporte les lumieres ; on voit passer des lanternes. Antonio mene Blondel.*

Fin du premier Acte.

ACTE II.

Le Théâtre représente un château fort, propre à renfermer des prisonniers ; sur le devant est une terrasse, au devant d'une porte ; elle est entourée de grilles de fer, & cette terrasse est disposée de façon que Richard, lorsqu'il y est, ne peut voir le fond du Théâtre, qui représente un fossé, revêtu extérieurement d'un parapet ; c'est sur la terrasse que paroît Richard, & c'est sur le parapet que Blondel est vu.

SCENE PREMIERE.

(*Le Théâtre est peu éclairé, sur tout dans le fond ; il s'éclaire par degrés ; l'aurore se leve après le crépuscule. On joue une marche pendant laquelle des soldats paroissent sur la terrasse, d'autres sortent du Château-fort pour faire le tour des remparts extérieurs.*

LE ROI RICHARD, FLORESTAN.

FLORESTAN.

L'AURORE va se lever, profitez-en, Sire pour votre santé : dans une heure on va vous renfermer.

RICHARD.

WILLIAMS.

Oui, j'ai été obligé de fuir. La Justice a mangé mon château & mon fief, & je n'ai plus rien là-bas, qu'une sentence de mort ; mais ici je ne les crains pas.

BLONDEL.

M. je vous demande pardon de toutes mes questions.

WILLIAMS.

Il ne me déplaît pas de parler de tout cela.

BLONDEL.

Et à la croisade, vous avez donc connu le brave Roi Richard, ce héros, ce grand homme ?

WILLIAMS.

Oui, puisque j'ai servi sous lui.

BLONDEL.

Et sans doute vous avez.....?

WILLIAMS.

Mais j'ai affaire, & je crois que voilà cette voyageuse qui va arriver.

SCENE VI.

BLONDEL, LAURETTE, ANTONIO.

Antonio pendant cette scene tire du pain d'un bissac, & va le manger sur le banc où s'est assis Blondel.

LAURETTE.

AH ! bonne homme ! je vous en prie, dites-moi ce que vous a dit mon pere ?

BLONDEL.

C'est vous qui êtes la belle Laurette ?

LAURETTE.

Oui, Monsieur.

BLONDEL.

Votre pere est fort irrité ; il fait ce que contient la lettre du Chevalier Florestan.

LAURETTE.

Oui, Florestan : c'est son nom. Est-ce qu'on a lu la lettre à mon pere ?

BLONDEL.

Non pas moi ; je suis aveugle, mais c'est mon petit conducteur.

ANTONIO. (*se levant.*)

Oui, c'est moi : mais, est-ce que vous ne me l'aviez pas dit, de la lire ?

LAURETTE.

On auroit bien dû ne le faire.

BLONDEL.

Il l'auroit fait lire par une autre.

LAURETTE.

C'est vrai. Et que disoit la lettre ?

BLONDEL.

Que fans le prifonnier qu'il garde.... Et qu'eft-ce que c'eft que ce prifonnier ?

LAURETTE.

On ne dit pas ce qu'il eft.

BLONDEL.

Que fans le prifonnier qu'il garde, il viendroit fe jetter à vos pieds.

LAURETTE.

Pauvre Chevalier !

BLONDEL.

Mais que cette nuit...

LAURETTE.

Cette nuit !.. ah la nuit ! (*elle foupire & rêve.*)

Je crains de lui parler la nuit,
J'écoute trop tout ce qu'il dit ;
Il me dit je vous aime, & je fens malgré moi,
Je fens mon cœur qui bat, & je ne fais pourquoi :
Puis il prend ma main, il la preffe
Avec tant de tendreffe,
Que je ne fais plus où j'en fuis ;
Je veux le fuir, mais je ne puis ;
Ah ! pourquoi lui parler la nuit, &c.

BLONDEL.

Vous l'aimez donc bien, belle Laurette ?

LAURETTE.

Ah ! mon Dieu, oui, je l'aime bien !

BLONDEL.

En vérité, votre aveu eft fi naïf, que je ne peux m'empêcher de vous donner un confeil

LAURETTE.

Dites, dites. Je ne fais ici à qui me confier ; mais votre air, votre âge : & puis vous ne pouvez me voir ; tout cela me donne la hardieffe de vous parler, & me fait, je crois, moins rougir.

BLONDEL.

Hé ! bien, belle Laurette..

LAURETTE.

Mais, qui vous a dit que j'étois belle ?

BLONDEL.

Hélas ! pour moi, pauvre aveugle, la beauté d'une femme eft dans le charme, dans la douceur de fa voix.

LAURETTE.

Hé bien !

BLONDEL.

Je vous dirai donc, que lorfque ces Chevaliers, ces gens de haute condition s'adreffent à une jeune perfonne, d'un état inférieur, moins touchés fouvent de la beauté, de la nobleffe de fon ame que de celle de leur extraction....

LAURETTE.

Hé bien ?

BLONDEL.
Ils ne se font quelque fois aucun scrupule de la tromper.
LAURETTE.
Mais ma noblesse est égale à la sienne.
BLONDEL.
Le sait-il ?
LAURETTE.
Sans doute. Quoique mon pere ait peu d'aisance, nous avons toujours vécu noblement ; & si je ne craignois sa vivacité, vivacité qui heureusement l'a forcé de s'établir dans ce pays-ci, je lui aurois confié les intentions du Chevalier.
BLONDEL.
C'est lui qui est le Gouverneur de ce château ?
LAURETTE.
Oui.
BLONDEL.
Et tout en attendant cette confiance en votre pere, vous le recevrez cette nuit : cette nuit ! Ce chevalier que vous aimez, vous lui parlerez cette nuit ! Ecoutez-moi, ceci n'est qu'une chansonnette.

 Un bandeau couvre les yeux
 Du Dieu qui rend amoureux ;
 Cela nous aprend, sans doute,
 Que ce petit Dieu badin
 N'est jamais, jamais plus malin
 Que quand il n'y voit goutte.

LAURETTE.
 Ah ! redites-moi, s'il vous plaît,
  Ce joli couplet :
 Ah ! je ne dois pas l'oublier,
 Je veux le dire au Chevalier.
BLONDEL.
Très-volontiers.
(*Ils reprennent ensemble.*)
Un bandeau, &c.
LAURETTE.
Ah ! voici je ne sais combien de personnes qui arrivent ; des chevaux, des charriots. C'est sans doute cette Dame qui vient loger ici : j'y cours.
BLONDEL.
Ecoutez donc, belle Laurette, j'ai quelque chose à vous dire.
LAURETTE.
De lui ?
BLONDEL.
Non.
LAURETTE.
Dites donc vite.
BLONDEL.
Pourrai-je passer cette nuit, cette nuit-ci seulement, dans votre maison ?

LAURETTE.

Non : cela ne se peut pas Mon pere, à la priere d'un ancien ami, a cédé, pour cette nuit seulement, sa maison toute entiere, à une grande Dame, &, à moins qu'elle ne le permette, nous ne pouvons pas disposer du plus petit endroit ; mais demain...... Adieux.

BLONDEL.

Allons, prenons patience. Antonio.

ANTONIO.

Plaît-il ?

BLONDEL.

Vas voir s'il n'y a pas d'autre retraite aux environs.

SCENE VII.

BLONDEL, MARGUERITE, Comtesse de Flandre & d'Artois.

(Alors paroissent des gens de toute sorte, des domestiques, des Chevaliers. Ils donnent le bras à Marguerite, elle paroît descendre de son palefroi, & est accompagnée de femmes suivantes. Elle a l'air de donner des ordres.)

BLONDEL.

Ciel ! que vois-je ? c'est la Comtesse de Flandre ! c'est Marguerite : c'est le tendre & malheureux objet de l'amour de l'infortuné Richard ! Ah j'accepte le présage : sa rencontre ici ne peut-être qu'un coup du ciel. Mais, peut-être me trompai-je !... Voyons si vraiment c'est elle. Si c'est Marguerite, son ame ne pourra se refuser aux douces impressions d'un air qu'en des temps fortunés son amant a fait pour elle.

(Il joue cet air sur son violon. Dès les premieres phrases, Marguerite s'arrête, écoute, s'approche.)

MARGUERITE.

O ciel, qu'entends-je !... Bon homme, qui peut vous avoir appris l'air que vous jouez si bien sur votre violon ?

BLONDEL

Madame, je l'ai appris d'un brave écuyer, qui venoit de la Terre Sainte, & qui, disoit-il, l'avoit entendu chanter au Roi Richard.

MARGUERITE.

Il vous a dit la vérité.

BLONDEL.

Mais, Madame, vous, qui avez la voix d'un Ange n'êtes-vous pas cette grande Dame qui doit occuper la maison qu'on m'a dit être ici près ?

MARGUERITE.

Oui, bon homme.

BLONDEL.

Ayez pitié, je vous prie, d'un pauvre aveugle, & permetez-lui d'y passer cette nuit, dans le lieu où il n'incommodera personne.

Comédie.

BLONDEL.

C'est lui qui me conduit ; il sait lire, & il vous lira tout ce que vous voudrez. Antonio, est-ce toi ?

SCENE V.

WILLIAMS, BLONDEL, ANTONIO.

ANTONIO.

Oui, c'est moi, pere Blondel.

BLONDEL.

Tu as été bien long-temps.

ANTONIO, *tout bas.*

Ah ! c'est que je l'ai trouvée, & je lui ai dit un petit mot.

BLONDEL.

Tiens, lis la lettre de ce Monsieur que voilà ; (*il affecte de la montrer où il n'est pas.*) & lis bien haut, & distinctement ; lis, lis mon petit ami.

ANTONIO.

» Belle Laurette...

WILLIAMS.

Belle Laurette ! voilà comme ils leur font tourner la tête.

ANTONIO.

» Belle Laurette, mon cœur ne peut se contenir de la
» joie qu'il ressent par l'assurance que vous me donnez de
» m'aimer toujours.

WILLIAMS.

Ah ! fille indigne ! elle l'aime.

BLONDEL.

Laissez, laissez ; continue.

ANTONIO.

» Si le prisonnier, que je ne peux quitter...

WILLIAMS.

Tant mieux.

BLONDEL, *à part.*

Le prisonnier !

ANTONIO.

» Si le prisonnier, que je ne peux quitter, me permet-
» toit de sortir pendant le jour, j'irois me jetter...

WILLIAMS.

Fut-ce dans les fossés de ton château.

BLONDEL.

Qu'il ne peut quitter.

ANTONIO.

» J'irois me jetter à vos pieds ; mais cette nuit... Il y a là des mots effacés.

BLONDEL.

Ensuite.

ANTONIO.

Faites-moi dire par quelqu'un à quelle heure je pourrois

B

» vous parler. Votre tendre, fidele amant, & constant Chevalier, Florestan.

WILLIAMS.

Ah ! damnation ! goddam.

BLONDEL.

Goddam, est-ce que vous êtes Anglois ?

WILLIAMS.

Ah ! oui, je le suis.

BLONDEL.

Vigoureuse nation ! eh ! comment est-il possible, que né un brave Anglois, vous soyez venu vous établir dans le fond de l'Allemagne, & dans un pays aussi sauvage qu'on m'a dit qu'il étoit ?

WILLIAMS.

Ah ! c'est trop long à vous raconter. Est-ce que nous dépendons de nous ! Il ne faut qu'une circonstance pour nous envoyer bien loin.

BLONDEL.

Vous avez raison ; car moi je suis de l'isle de France, & me voilà ici : & de quelle Province d'Angleterre êtes-vous ?

WILLIAMS.

Du pays de Galles.

BLONDEL.

Vous êtes du pays de Galles ! Ah ! si j'avais la jouissance de mes yeux, que j'aurois le plaisir à vous voir ! Et comment avez-vous quitté ce bon pays ?

WILLIAMS.

J'ai été à la croisade, à la Palestine.

BLONDEL.

A la Palestine ! & moi aussi.

WILLIAMS.

Avec notre Roi.

BLONDEL.

Avec Richard, avec votre Roi ! & moi de même.

WILLIAMS.

Quand je suis revenu dans mon pays, n'ai-je pas trouvé mon pere mort.

BLONDEL.

Il étoit peut-être bien vieux ?

WILLIAMS.

Ah ! ce n'est pas de vieillesse : il avoit été tué par un Gentilhomme des environs, pour un lapin qu'il avoit tué sur ses terres. J'apprends cela en arrivant : je cours trouver ce Gentilhomme, & j'ai vengé la mort de mon pere par la sienne.

BLONDEL.

Ainsi voilà deux hommes tués pour un lapin.

WILLIAMS.

Cela n'est que trop vrai.

BLONDEL.

Enfin vous vous êtes enfui ?

Comédie.
RICHARD.
Florestan !
FLORESTAN.
Sire.
RICHARD.
Votre fortune est dans vos mains.
FLORESTAN,
Je le sais, Sire, mais mon honneur...!
RICHARD.
Pour un perfide ! pour un traître !
FLORESTAN.
Pour un traître ! S'il l'étoit, Sire, je ne le servirois pas. Non, non, je ne le servirois pas, si je croyois qu'il fut un perfide.
RICHARD.
Mais Florestan......

Florestan fait une révérence respectueuse, ne répond rien & sort.

SCENE II.

RICHARD *sur la terrasse.*

AH ! grand Dieu ! quel funeste coup du sort ! Couvert de lauriers cueilli dans la Palestine, au milieu de ma gloire, dans la vigueur de l'âge, être obscurément confiné comme le dernier des hommes, dans le fond d'une prison !

(*Il se leve.*)

Si l'univers entier m'oublie,
S'il faut passer ici ma vie,
Que sert ma gloire, ma valeur !

(*Il regarde un portrait de Marguerite.*
Douce image de mon amie,
Viens calmer, consoler mon cœur,
Un instant suspends ma douleur.
O ! souvenir de ma puissance !
Crois-tu ranimer ma constance ;
Non, tu redoubles mon malheur :
O ! mort ! viens terminer ma peine,
O ! mort ! viens, viens briser ma chaîne !
L'espérance a fui de mon cœur.

SCENE III.

RICHARD, BLONDEL, ANTONIO.

Richard se rasseoit, il a le coude appuyé sur une saillie de pierre, & paroît abîmé dans le plus profond chagrin, sa tête est en partie cachée par sa main.

BLONDEL.

Petit garçon, arrêtons-nous ici : j'aime à respirer cet air frais & pur qui annonce & accompagne le lever de l'aurore. Où suis-je, à présent ?

C

ANTONIO.
Prés du parapet de cette forteresse, où vous m'avez dit de vous mener.

BLONDEL.
C'est bon. *Il semble tâter ce parapet pour monter dessus.*)

ANTONIO.
Ah ! ne montez pas dessus ce parapet, vous tomberiez dans un grand fossé plein d'eau, & vous vous noyeriez.

BLONDEL.
Ah ! je n'en ai pas d'envie. Tiens mon fils, voilà de l'argent, vas-nous chercher quelque chose pour déjeûner.

ANTONIO.
Ah ! vous me donnez trop.

BLONDEL
Le reste sera pour toi.

ANTONIO.
En vous remerciant. (*Il part.*)

BLONDEL.
Quand tu seras revenu, nous irons promener. Sans doute que les campagnes sont aussi belles que je les ai vues autrefois. Au défaut de mes yeux, je me plais à l'imaginer. Tu ne réponds pas. Ah ! est-il parti ?

SCENE. IV.
RICHARD *sur sa terrasse*; BLONDEL *monte & s'arrange sur le parapet.*

RICHARD.
Une année ! une année entiere se passe, sans que je reçoive aucune consolation, & je ne prévois aucun terme au malheur qui m'accable !

BLONDEL.
S'il est ici le calme du matin, le silence qui regne dans ces lieux laissera sans doute pénétrer ma voix jusqu'au fond de sa retraite. Hé ! s'il est ici, peut-il n'être pas frappé d'une romance qu'autrefois l'amour lui a inspirée. Auteur, amoureux & malheureux: que des raisons pour s'en souvenir.

RICHARD.
Trône, grandeurs, souveraine puissance ! vous ne pouvez donc rien contre une telle infortune ! Et Marguerite ! Marguerite ! (*Pendant ce couplet, Blondel paroît accorder son violon presqu'en sourdine, afin de faire sentir qu'il est très-loin. Lors du mot Marguerite.*) Quels sons ! ô Ciel, est il possible, qu'un air que j'ai fait pour elle, ait passé jusqu'ici ! Ecoutons.

BLONDEL *commence à chanter.*
Une fievre brûlante
Un jour me terrassoit,

RICHARD
Quels accens ! quelle voix !... je la connois,

Comédie.

BLONDEL.

Et de mon corps chassoit
Mon ame languissante ;
Madame approche de mon lit ;
Et loin de moi la mort s'enfuit. *il s'arrête & écoute.*)

Pendant ce couplet, Richard marque tous les degrés de surprise, de joie & d'espérance. Il cherche à se rappeller la fin du couplet, s'en souvient, & dit :)

RICHARD.

Un regard de ma belle
Fait dans mon tendre cœur,
A la peine cruelle,
Succéder le bonheur.

Pendant ce couplet, Blondel marque la plus grande surprise de joie, il a même l'air de se trouver mal de saisissement.)

BLONDEL.

Dans une tour obscure
Un Roi puissant languit,
Son serviteur gémit
De sa triste avanture.

RICHARD, *(dit.)*

C'est Blondel ! Ah grands Dieux ! (*Il pose son visage sur ses mains.*)

Si Marguerite étoit ici,
Je m'écrirois, plus de souci.

ENSEMBLE.

Un regard de sa / ma / son belle
Fait dans son / ma / mon tendre cœur,
A la peine cruelle,
Succéder le bonheur.

(*Blondel répete le refrain, en faisant la deuxieme partie ; il danse, il saute, exprime sa joie, l'air qu'il joue sur son violon.*)

SCENE V.

BLONDEL, RICHARD, DES SOLDATS.

(*Le Gouverneur & des soldats, font rentrer le Roi ; la porte de la terrasse se ferme. Les soldats, entendent le violon de Blondel, s'emparent de lui, & le font passer par une poterne & entrer dans les fortifications ; alors il paroît au-devant du théâtre.*)

LES SOLDATS.

Sais-tu ? connois-tu ? sais-tu ?
Qui peut t'avoir répondu ?

Richard cœur de Lion,
Réponds, réponds, réponds vîte?
Ah! que tu n'en es pas quitte.
BLONDEL. (*feignant d'avoir peur.*)
Sans doute quelque passant
Que divertissoit mon chant.
LES SOLDATS.
En prison, vîte en prison,
Tu diras-là ta chanson.
BLONDEL.
Ah! Messieurs, point de colere,
Ayez pitié de ma misere;
Les sarrasins furieux,
De la lumiere des Cieux,
Ont privé mes pauvres yeux.
LES SOLDATS.
Ah! tant mieux pour toi, tant mieux,
Tu périrois dans ces lieux
Si tu portois de bons yeux.
BLONDEL.
Ah! Messieurs, attendez donc,
Je dois obtenir pardon; (*avec plus de fermeté.*)
je veux parler à Monsieur,
A Monsieur le Gouverneur
pour un avis important
Qu'il doit savoir à l'istant.
DES SOLDATS *à un officier.*
Il veut parler à Monsieur,
A Monsieur le Gouverneur.
BLONDEL.
pour un avis important
Qu'il doit savoir à l'istant.
LES SOLDATS.
pour un avis important
Qu'il doit savoir à l'istant!
LES OFFICIERS ET LES SOLDATS.
Tu vas parler à Monsieur,
A Monsieur le Gouverneur,
Puisque l'avis important
Doit être su dans l'instant:
Le voici; mais prends garde à toi:
    Oui, sur ma foi,
    Tu périrois
    Si tu mentois,
    Si tu mentois à Monseigneur;
    A Monseigneur le Gouverneur.

SCENE VI.

LES MEMES, ET FLORESTAN, Gouverneur.
UN SOLDAT.

Voici Mgr. le Gouverneur.

Comédie.

BLONDEL.

Où est-il, Mgr. le Gouverneur ?

FLORESTAN.

Me voilà.

BLONDEL.

De quel côté ? où est-il ?

FLORESTAN. (*le prenant par le bras.*)

Ici.

BLONDEL.

J'ai un avis important à lui donner.

FLORESTAN

Hé bien ! de quoi s'agit-il ! Mais ne cherche point à mentir, ni à m'amuser, car à l'instant tu perdrois la vie.

BLONDEL.

Ah ! Monseigneur ! c'est être déja mort à moitié que d'avoir perdu la vue : eh ! comment un pauvre aveugle pourroit-il prétendre à vous tromper ?

FLORESTAN.

Hé bien ! parle.

BLONDEL.

Etes-vous seul ?

FLORESTAN.

Oui. Retirez-vous, vous autres. (*Les Soldats se retirent dans le fond.*)

BLONDEL.

Monseigneur, c'est que la belle Laurette...

FLORESTAN.

Parle bas.

BLONDEL.

C'est que la belle Laurette m'a lu la lettre que vous lui avez écrite, afin que vous vissiez que je suis envoyé par elle : or, vous y dites que vous vous jettez à ses pieds, & vous lui demandez un rendez-vous pour cette nuit.

FLORESTAN.

Hé, bien mon ami !

BLONDEL.

Hé bien Monseigneur, elle m'a dit de vous dire que vous pourriez venir à l'heure que vous voudriez.

FLORESTAN.

Comment, à l'heure que je voudrois ?

BLONDEL.

Il y a chez son pere, une Dame de haut parage, qui, pour célébrer la joie d'une nouvelle intéressante, y donne toute la nuit à danser, à boire, manger & rire, & vous pourriez y venir sous quelque prétexte; alors la belle Laurette trouvera bien l'occasion de vous dire quelque petite chose.

FLORESTAN

C'est donc pour me parler que tu as chanté ?

BLONDEL.

C'est pour être mené vers vous, que j'ai fait tout ce bruit

avec mon violon.
FLORESTAN.
Il n'y a pas de mal: dis-lui que j'irai. mais, se servir d'un aveugle pour faire une commission ! ah ! elle est charmante ! va-t'en ?
BLONDEL.
Mais Monsieur le Gouverneur Mr. le Gouverneur !
FLORESTAN.
Hé bien ?
BLONDEL
Ah ! vous voilà de ce côté-là pour qu'on ne soupçonne rien de ma mission, grondez-moi bien fort, & renvoyez-moi.
FLORESTAN.
Tu as raison ; ce drôle a de l'esprit.
Pour le peu que tu m'as dit
Falloit-il faire ce bruit.
BLONDEL.
Ah ! je n'ai pas fait de bruit :
Vos Soldats ont fait ce bruit
LES SOLDATS.
Téméraire, téméraire,
Tu devrois, tu dois te taire ;
Alarmer la garnison,
Tu devrois être en prison.

SCENE VII.
LES MEMES, ET ANTONIO,
(*il a un pain passé dans son bâton.*)
ANTONIO.
AH ! Messieurs, pardon, pardon,
Ayez pitié de sa misere ;
Les Sarrasins furieux,
Ont privé ses pauvres yeux
De la lumiere des Cieux.
LES SOLDATS.
Ah ! tant mieux, tant mieux ;
S'il avoit porté des bons yeux
Il périroit dans ces lieux.
Vas, retire toi
Mais prend garde à toi,
Ici si jamais
Tu paroissois,
Tu périrois.
BLONDEL.
Messieurs, croyez-moi,
Ici si jamais
Je revenois,
Je me soumets
A votre loi.
Ah ! croyez-moi ;

Comédie.

Ah! croyez-moi.

ANTONIO.

Ici si jamais
Il revenoit,
Ah! ce seroit
Sans moi, sans moi.
Ah! ce seroit
Sans moi, sans moi.

(Blondel s'en va en repassant par la poterne avec son guide, & les Soldats & le Gouverneur, par la porte qui lui a servi d'entrée.

Fin du second Acte.

ACTE III.

Le Théâtre représente la grande salle de la maison de Williams.

SCENE PREMIERE.

(*On entend la ritournelle du morceau.*)

BLONDEL, DEUX HOMMES de la Comtesse.

BLONDEL.	LES DEUX HOMMES.
Il faut, il faut, Il faut que je lui parle.	Il faut, il faut!
Mon cher Urbin, mon ami Charles, Il faut que je lui dise un mot	Vous ne pouvez lui dire un mot On chasseroit Urbin & Charles Si nous vous laissions dire un mot.
Tout au plutôt, tout au plutôt	Sortez, Sortez tout au plutôt.
Mon cher Urbin, mon ami Charles.	Nous allons partir à l'instant. Oui, dans l'instant.
A l'instant, Ciel! quoi, dans l'instant! Voici de l'or.	De l'or ?
(*A part.*)	Est-ce de l'or ? oui c'est de l'or, De l'or!attendez, mais comment Peut-il parler en ce moment ?
De l'or, afin que je lui parle,	Le pourroit-il en ce moment.
Ah! que je lui parle à l'instant.	A la dame de compagnie, Oui, oui, nous pourrions dire son envie

Richard cœur de Lion,
Dans ce moment.

Eh bien! foit, ah! que je lui parle,
Mon cher Urbin, mon ami Charles.
Pourvu que je lui dife un mot,
Je fuis content; mais au plutôt.

A la dame de compagnie.
On peut lui dire qu'il la prie...

Dans ce moment,

Tout au plutôt.

SCENE II.

LA DAME DE COMPAGNIE, LA COMTESSE, SIRE WILLIAMS, LES CHEVALIERS, LE SÉNÉCHAL.

(*La Dame de compagnie arrive avant la Comteffe & fes Chevaliers; les deux hommes qui étoient fur la fcene vont parler à la Dame de compagnie, qui fort avec eux; il refte avec la Comteffe une autre Dame de Compagnie; la Comteffe a un papier à la main.*)

LA COMTESSE.

Sire Williams, je ne peux trop vous remercier du gracieux accueil que j'ai reçu chez vous.

WILLIAMS.

Madame, que ne puis-je vous y retenir plus long-temps.

LA COMTESSE.

Cela ne peut être.

LE SÉNÉCHAL.

Madame, tout fera bientôt prêt pour votre départ.

LA COMTESSE.

Ah! Chevalier, ce foir affignera le terme à notre voyage; qu'il m'en coûte de vous dire ce qui va le déterminer!

LE SÉNÉCHAL.

Quoi donc, Madame?

LA COMTESSE.

Je vais confacrer mes jours à une retraite éternelle.

LE SÉNÉCHAL.

Vous, Madame!

LA COMTESSE.

Un long chagrin qui me dévore me rend incapable de m'occuper du bonheur de mes fujets; je vais, Chevalier, faire ajouter quelques mots à cet écrit, vous le remettrez aux Etats affemblés; ce font mes volontés.

SCENE III.

LES MEMES, BÉATRIX, Dame fuivante.

BÉATRIX.

Madame.

LA COMTESSE.

Que voulez-vous?

BÉATRIX.

BÉATRIX.

Ce bon homme à qui vous avez permis de passer la nuit dans ce logis, & qui n'est plus aveugle....

LA COMTESSE.

Eh bien !

BÉATRIX.

Il demande l'honneur de vous être présenté.

LA COMTESSE.

Que veut-il ? Ah ! Ciel.

BÉATRIX.

Je lui ai dit que Madame étoit bien triste, il m'a répondu, si je lui parle je la rendrai bien gaie. (*Blondel chante* : Un regard de ma belle.) Entendez-vous sa voix, Madame il l'a très-belle.

LA COMTESSE.

Qu'il paroisse, peut-être a-t-il appris cette complainte de la bouche même de Richard, peut-être... (*Elle parle à celui de ses Officiers qui cachette le papier* :) Vous mettez la suscription telle que je vais vous la dicter.

SCENE IV.
LES MEMES, BLONDEL
LA COMTESSE.

EH bien ! bon homme, on dit que vous demandez à m'être présenté.

BLONDEL.

Oui, Madame ; mais qu'il est difficile d'aprocher des grands, même pour leur rendre service.

LA COMTESSE.

Qui étoit celui qui vous a appris ce que vous chantiez si bien tout à l'heure, & en quel lieu de la terre avez appris cette complainte ?

BLONDEL.

Je ne peux le dire qu'à vous.

(*Beatrix se retire.*)

LA COMTESSE.

Hier, vous étiez aveugle.

BLONDEL.

Oui, Madame, mais le ciel m'a rendu la vue, & quelles graces n'ai-je point à lui rendre, puisqu'il me fait jouir de la présence de Madame Marguerite, Comtesse de Flandre d'Artois.

LA COMTESSE.

O Ciel ! vous me connoissez.

BLONDEL.

Oui, Madame, & reconnoissez Blondel.

LA COMTESSE.

Quoi ! c'est vous Blondel, vous étiez avec le Roi, où l'avez-vous laissé ?

BLONDEL.

Le Roi, le Roi, que je cherchois depuis un an ; le Roi ;
Madame, est à cent pas d'ici,

LA COMTESSE.

Le Roi !

BLONDEL.

Il est prisonnier dans ce château que vous voyez de vos fenêtres, car, sans le voir, je lui ai parlé ce matin.

LA COMTESSE.

Ah ! Dieux, Ah ! Blondel ! Chevaliers ?

BLONDEL.

Madame, qu'allez vous dire ?

LA COMTESSE.

Qu'ai-je à craindre ? ce sont mes Chevaliers, tous attachés à moi, à ma personne, & Sir Williams est Anglois.
(*Les Chevaliers, Williams & Béatrix s'approchent.*)

BLONDEL.

Oui, Chevaliers, oui ce rempart
Tient prisonnier le Roi Richard.

LES CHEVALIERS.

Que dites-vous ! le Roi Richard ?
Richard ! qui ; le Roi d'Angleterre.

BLONDEL.

Oui, Chevaliers, oui, ce rempart
Tient prisonnier le Roi Richard ;
C'est-là qu'est le Roi d'Angleterre !

LES CHEVALIERS.	LA COMTESSE.
Qui vous l'a dit ; par quel hasard ?	Qui vous l'a dit ? par quel hasard ?
Avez-vous connu cette affaire ?	Ah ! grands Dieux, mon cœur se serre.
Comment savez-vous ce mystere ?	

BLONDEL.

Par moi, qui, sous cet habit vil,
M'en suis approché sans péril ;
Sa voix a pénétré mon ame ;
Je la connois, oui, oui, Madame,
Oui, Chevaliers, oui ce rempart,
Tient prisonnier le Roi Richard.

LA COMTESSE.

Ah ! s'il est vrai, quel jour prospere !
Ah ! grands Dieux... ah ! mon cœur se serre,
De joie & de saisissement.

LES CHEVALIERS, WILLIAMS., BÉATRIX ET LA COMTESSE

Ah ! grands dieux, quel étonnement !
Quel bonheur ! quel événement !
Travaillons à sa délivrance ;

Comédie.

Marchons, marchons.
BLONDEL.
Point d'imprudence ;
Travaillons à sa délivrance,
Non, il faut agir prudemment.
LES CHEVALIERS.
Travaillons à sa délivrance.
LA COMTESSE.
Que faire pour sa délivrance ?
Ah ! Blondel, quel heureux moment !
Que faire pour sa délivrance ?
Chevaliers, écoutez Blondel,
LES CHEVALIERS.
Blondel ! Blondel ! oui, c'est Blondel ;
LA COMTESSE.
Chevaliers, connoissez Blondel ;
Ah ! quel bonheur, quel coup du Ciel !
BLONDEL.
Travaillons à sa délivrance,
Et ne parlons point de Blondel.

SCENE V.
LES CHEVALIERS, BLONDEL, LA COMTESSE, SIRE WILLIAMS

LA COMTESSE.
AH ! Chevaliers, ah Sire Williams, & vous Blondel, mon cher Blondel, voyez entre vous ce qu'il convient de faire pour délivrer le Roi ; la joie, la surprise, cette nouvelle m'a saisie, de manière que je ne peux jouir de ma réflexion ; servez-vous de tout mon pouvoir, c'est de moi, c'est de mon bonheur que vous allez vous occuper.

(Elle sort, en s'appuyant sur les bras de ses femmes.)

SCENE VI.
LE SÉNÉCHAL, WILLIAMS, BLONDEL, ET DEUX CHEVALIERS.

LE SÉNÉCHAL.
Oui, c'est l'infortune de Richard qui faisoit toute sa peine.
BLONDEL.
Sires Chevaliers, Sire Williams, le tems est précieux, voyons quels sont les moyens qui s'offrent à nous pour délivrer Richard ; sachons d'abord quel est l'homme qui le garde : Williams, quel homme est-ce que ce Gouverneur ? le connoissez-vous ?

WILLIAMS.
Que trop.
BLONDEL.
L'intérêt peut-il quelque chose sur lui ?

WILLIAMS.

Non.

BLONDEL.

Et la crainte?

WILLIAMS.

Encore moins.

BLONDEL.

Ni l'intérêt ni la crainte, c'est un homme bien rare : écoutez, Chevaliers, & vous Williams voici mon avis: le Gouverneur va venir parler à votre fille.

WILLIAMS.

Parler à ma fille !

BLONDEL.

Oui, il fait que ce soir vous donnez un bal, une fête.

WILLIAMS.

Moi!

BLONDEL.

Oui, vous, & faites tout préparer à l'instant pour recevoir ici les bonnes gens des noces qui s'amusent ici près, & que j'ai prévenus de votre part.

WILLIAMS.

Des noces ! un bal ! il fait que je donnerois une fête; & de qui auroit-il pu savoir ?...

BLONDEL.

De moi.

WILLIAMS.

De vous! eh! comment cela se peut-il ?

BLONDEL.

Enfin, il le fait, je vous le dirai, mais ne perdons pas un instant, il viendra ici dans l'espoir que cette fête lui donnera les moyens de parler à la belle Laurette.

WILLIAMS.

Ah ! qu'il lui parle.

BLONDEL.

Oui, il lui parlera, mais qu'aussi-tôt il soit entouré des Officiers de la princesse, qu'il soit sommé de rendre le Roi, s'il refuse, alors la force...

LE SÉNÉCHAL.

Oui, la force : Armons-nous, forçons le château.

WILLIAMS.

Forcer le château, & que peuvent vingt ou trente hommes, armés seulement de lances & d'épées, contre cent hommes de garnison placés dans un château fort.

LE SÉNÉCHAL.

Vingt ou trente hommes! & les soldats qui jusqu'ici ont servi d'escorte à Marguerite, & qui sont dans la forêt voisine en attendant notre retour; je vais les faire avancer, & que ne peuvent la valeur, notre exemple, & le desir de délivrer le Roi.

BLONDEL.

Ah! Sénéchal, vous me rendez la vie, est-il quelqu'un de

nous qui ne sacrifie pour une si belle cause! Williams, Richard est dans les fers, & vous êtes Anglois.

WILLIAMS.

Ou le délivrer, ou mourir.

BLONDEL.

Sénéchal faites promptement avancer votre escorte, armez vos Chevalliers, que Florestan soit arrêté, & dès que nos gens seront au pied des murrailles, le signal de l'assaut. J'ai marqué un endroit foible, où, à l'aide des travailleurs, j'espere faire breche, & montrer à nos amis le chemin de la gloire : en attendant, Williams, faites tout préparer ici pour la danse.

(Williams sort.)

SCENE VII.

BLONDEL, *seul.*

SI l'amitié la plus pure, si l'ardeur la plus vive peuvent inspirer un cœur tendre & sensible; que ne dois-je pas attendre des motifs qui m'enflamment!

SCENE VIII.

WILLIAMS, LAURETTE, DES DOMESTIQUES.

WILLIAMS, *aux garçons.*

ALLONS, venez vous autres, & rangez cette Salle, préparez tout ici, on va danser. (*Les garçons rangent les meubles.*)

LAURETTE, *entrant.*

On va danser?

WILLIAMS.

Oui ma fille, ma chere fille.

LAURETTE.

Ma chere fille! ah! mon pere n'est plus fâché; ah! si le Chevalier le savoit, peut-être pourroit-il...

Pendant la ritournelle du morceau suivant, Blondel est sur un des côtés de la scene opposé à Laurette ; il lui fait signe de s'approcher, elle marque son étonnement voyant qu'il n'est plus aveugle.

SCENE IX.

LES MEMES, BLONDEL.

BLONDEL, *à Laurette.*

LE Gouverneur, après la danse,
Viendra se rendre dans ces lieux.

LAURETTE.

Ah! quel bonheur! que sa présence
Pour moi doit embellir ces lieux.

BLONDEL, *à Williams qui approche.*

Nous n'avons point de mysteres.

Je lui difois, que mes yeux
Revoient enfin les cieux.
LAURETTE.
Nous n'avons point de myftere,
Non mon pere, non mon pere,
Ce bon homme doit vous plaire.
WILLIAMS.
Parlez, parlez fans myftere,
Ce bon homme a fu me plaire.
LAURETTE, à part.
Eft-il bien fûr de ma tendreffe ?
Me fera-t-il toujours conftant.
BLONDEL.
Si vous aviez vu fon ivreffe,
Son cœur fera toujours conftant
LAURETTE.
Son ivreffe !
Son cœur fera toujours conftant.
WILLIAMS.
Il te difoit que fes yeux
Revoient enfin la lumiere.
LAURETTE.
Oui, mon pere, oui, mon pere
Nous n'avons pas de myftere,
Il me difoit, que fes yeux
Revoient enfin les cieux.
BLONDEL.
Nous n'avons plus de myftere,
Je lui difois, que mes yeux
Revoient enfin les cieux ;
Je voulois vous dire encore :
LAURETTE.
Je ne veux point qu'il ignore.
WILLIAMS.
Il te difoit que fes yeux...
LAURETTE.
Oui, mon pere, &c.

SCENE X.

WILLIAMS, LAURETTE, ANTONIO.
(Les noces paroiffent, enfuite on danfe.)
UN PAYSAN.
Eh zig, & zoc,
Eh fric, & froc,
Quand les bœufs
Vont deux à deux,
Le labourage en va mieux.
Sans berger, fi la bergere

Est en un lieu solitaire,
Tout pour elle est ennuyeux;
Mais si le berger Sylvandre
Auprès d'elle vient se rendre,
Tout s'anime à l'entour d'eux
  Eh zig, & zoc,
  Eh fric, & froc,
  Quand les bœufs
  Vont deux à deux,
Le labourage en va mieux.
Qu'en dites vous, ma commere !
Eh ! qu'en dites-vous, compere !
Rien ne se fait bien qu'à deux;
Les habitans de la terre,
Hélas ! ne dureroient guere,
S'ils ne disoient pas entre eux :
  Eh zig, & zoc, &c.

Pendant cette danse le Gouverneur entre; il salue Williams & s'approche ensuite de Laurette. Pendant la derniere reprise de la danse on entend un roulement de tambour, Florestan veut sortir.

FLORESTAN.
Ciel, qu'entend-je !

WILLIAMS, *& les Officiers de Marguerite mettant le sabre à la main.*

Je vous arrête.

FLORESTAN.
Vous ?

WILLIAMS.
Moi.

FLORESTAN.
Dieux, quelle trahison !

LES CHEVALIERS.
Que Richard, à l'instant,
Soit remis dans nos mains,
Oui, qu'ici ses destins
Soient remis dans nos mains.

FLORESTAN.
Non, jamais ses destins
Ne seront dans vos mains.

Les chevaliers emmennent Florestan; & Williams sort du côté opposé pour aller joindre le Sénéchal & Blondel.

(Le Théâtre change, & représente l'assaut donné à la forteresse par les troupes de Marguerite; Blondel et Williams encouragent les assiégeans; les assiégés reçoivent un renfort, & repoussent l'attaque avec avantage.

Blondel alors jette son habit d'aveugle, & sous celui que couvroit sa casaque, il se met à la tête des pionniers, il les place, & leur fait attaquer l'endroit foible dont il a parlé; l'assaut continue; on voit paroître, sur le haut de la forte-

Richard cœur de Lion,
resse, Richard, qui, sans armes, fait les plus grands efforts pour se débarrasser de trois hommes armés; dans cet instant la muraille tombe avec fracas. Blondel monte à la breche, court auprès du Roi, perce un des soldats, lui arrache son sabre; le Roi s'en saisit, ils mettent en fuite les soldats qui s'opposent à eux; alors Blondel se jette aux genoux de Richard, qui l'embrasse: dans ce moment le cœur chante, vive Richard, sur une fanfare très-éclatante; les assiégeans arborent le drapeau de Marguerite; dans ce moment elle paroît, suivie de ses femmes & de tout le peuple; elle voit Richard délivré de ses ennemis, & conduit par Blondel, elle tombe évanouie, soutenue par ses femmes, & ne reprend ses esprits que dans les bras de Richard.

Florestan ensuite est conduit aux pieds du Roi par le Sénéchal & Williams; Richard lui rend son épée; toute cette action se passe sur la marche, depuis la fanfare qui termine le combat.)

RICHARD.
O! ma chere Comtesse!
O! doux objet de toute ma tendresse.

MARGUERITE.
Ah! Richard, ô! mon Roi, ah! Dieux

RICHARD.
A la tendresse
Je dois ce moment heureux.

MARGUERITE, *montrant Blondel.*
C'est à Blondel, c'est à son cœur.

RICHARD, *embrasse Blondel.*
C'est à ton cœur.

RICHARD.	MARGUERITE.
Qu'en ce jour je dois mon bonheur.	Qu'en ce jour je dois ce bonheur.
Délivré par ceux que j'aime, De mes sujets oublié, C'est l'amour & l'amitié Qui font mon bonheur suprême.	MARGUERITE, BLONDEL. C'est l'amour & l'amitié Qui font son bonheur suprême.

CHŒUR.

LES FEMMES de la Comtesse, LAURETTE, ANTONIO & LES PAYSANS.	LA COMTESSE, RICHARD, BLONDEL, WILLIAMS, FLORESTAN & LES CHEVALIERS.
Ah! que le bonheur suprême L'accompagne chaque jour, Que le bonheur l'accompagne sans cesse; Ah! quel plaisir, quelle ivresse, C'est un Roi, oui c'est lui même,	Ah! que le bonheur suprême L'accompagne chaque jour. MARGUERITE, RICHARD, BLONDEL. Non, l'éclat du diadême

Qui paroît dans ce séjour. Ne vaut pas un si beau jour.
MARGUERITE, à *Florestan* & *Laurette*.
Vous ! commencez ma récompense,
Heureux amans je vous unis.
(à *Williams*.)
Souffrez que ce nœud mette un prix
A notre reconnoissance.

CŒUR GÉNÉRAL.
Heureux amans.

TRIO.

MARGUERITE.	RICHARD.	BLONDEL.
C'est l'amitié fidele Qui finit mon malheur, Qu'un amour éternel Assure ton bonheur	C'est l'amitié fidele Qui finit mon malheur, Et l'amour de ma belle Assure mon bonheur.	Pour un sujet fidele Est-il plus grand bonheur, Quand il voit que son zele Finit votre malheur

CHŒUR.

RICHARD, LA COMTESSE, FLORESTAN, WILLIAMS, LES CHEVALIERS.	LAURETTE, LES FEMMES de la Comtesse, & LES PAYSANS.
Ah ! quel bonheur, quelle ivresse, Que le bonheur l'accompagne sans cesse; C'est un Roi, oui, c'est lui même, Qui paroît dans ce séjour.	Que le bonheur l'accompagne sans cesse, Ah ! quel bonheur, quelle ivresse; C'est un Roi, oui, c'est lui même, Qui paroît dans ce séjour.

RICHARD.
C'est un Roi, oui, c'est lui-même !
Qui vous doit un si beau jour.

MARGUERITE.
Richard m'est rendu dans ce jour.

BLONDEL.
C'est un Roi délivré par l'amour.

CHŒUR.
Ah ! quel bonheur, quel plus beau jour ?
C'est un Roi qui vous doit un si beau jour.

FIN.

www.ingramcontent.com/pod-product-compliance
Lightning Source LLC
Chambersburg PA
CBHW060903050426
42453CB00010B/1552